L'AVENIR

DANS LE JUDAÏSME,

SERMON

PRONONCÉ DANS LE TEMPLE ISRAÉLITE DE PARIS,

LE 26 SEPTEMBRE 1843,

SOUS LES AUSPICES DU CONSISTOIRE DE LA SEINE,

PAR L. WOGUE,

Gradué Grand-Rabbin, Bachelier ès-lettres

Publié à la demande d'un grand nombre d'auditeurs.

PARIS.

IMPRIMERIE DE Mme Ve DONDEY-DUPRÉ,

RUE SAINT-LOUIS, 46, AU MARAIS.

1844

L'AVENIR

DANS LE JUDAÏSME,

SERMON

PRONONCÉ DANS LE TEMPLE ISRAÉLITE DE PARIS,

LE 26 SEPTEMBRE 1843,

SOUS LES AUSPICES DU CONSISTOIRE DE LA SEINE,

PAR L. WOGUE,

Gradué Grand-Rabbin, Bachelier ès-lettres.

Publié à la demande d'un grand nombre d'auditeurs.

PARIS.

IMPRIMERIE DE Mme Ve DONDEY-DUPRÉ,

RUE SAINT-LOUIS, 46, AU MARAIS.

1844

Pour paraître prochainement :

תורת אלהים

LE PENTATEUQUE,

TRADUCTION NOUVELLE,

ILLUSTRÉE

Avec texte en regard et notes explicatives ; accompagné de la traduction complète des הפטרות (HAPHTAROTH) de l'année.

PAR L. WOGUE,

GRADUÉ GRAND-RABBIN.

Un PROSPECTUS annoncera l'ouvrage, qui se publiera par livraisons hebdomadaires.

UN MOT.

L'impression de cet ouvrage a été quelque peu retardée par des circonstances sans intérêt pour le public.

Telle est, du reste, la nature du sujet dont il est le développement, que le mérite de l'actualité, à défaut de tout autre, ne saurait, en aucun temps, lui manquer.

Ce discours a été diversement jugé.

Les uns, tels que les honorables souscripteurs auxquels en est due la publication, ont apprécié avec bienveillance cette œuvre d'un jeune prédicateur qui en est à peine à son début. Ils avaient compris sans doute la difficulté de sa tâche, et ils ont voulu encourager ses efforts.

Quelques autres ont reproché particulièrement à ce discours sa longueur. Ce n'est pas qu'il ait été jugé trop long *en lui-même :* mais c'est qu'il avait dépassé de quatre pages et d'un quart d'heure l'étendue et la durée ordinaires d'un sermon ; c'est que certaines personnes comptent les phrases au lieu de les peser ; c'est qu'enfin (car la chose est imprimée), c'est que le public AVAIT FAIM, et que ce jour-là, apparemment, la conscience, c'était l'estomac.

Nous en appelons du public à jeun au public qui a déjeuné.

Mais nous n'entreprendrons pas de guerroyer en faveur de cet opuscule. La critique — si critique il y a — a dit son mot ; voici le nôtre :

Si l'ouvrage est mauvais, il ne mérite pas qu'on le défende ; médiocre, il n'en vaut pas la peine ; bon, il plaidera lui-même sa cause.

Paris, novembre 1843.

L. W.

L'AVENIR

DANS LE JUDAÏSME,

SERMON.

וויש תקוה לאחריתך נאם ה'
Ton avenir, ô Israël, est plein d'espérance,
a dit l'Éternel.

JÉR. XXXI, 17.

Mes chers Frères,

Il est dans notre culte, il est dans tous les cultes de
rares et augustes époques[1] où tous les enfants de la
même foi se pressent dans la même enceinte; où tous,
justes et impies, croyants et incrédules, obéissant à je
ne sais quel impérieux appel, viennent aux pieds des
mêmes autels confesser le même Dieu, faire taire leurs
intérêts, leurs préjugés ou leurs passions diverses, et res-
serrer, par une éclatante manifestation, les liens d'une
fraternité oubliée. C'est un immense rendez-vous dont
nul n'a eu avis, et où pourtant, chose étrange! nul ne
fait défaut. Ne dirait-on pas que l'antique Israël vient
chaque année se compter; chaque année observer avec
joie ou avec douleur ce que l'année lui a apporté de
conquêtes ou de défections nouvelles; chaque année in-

[1] Ce discours a été prononcé le second jour de *Rôsch-haschânah,*
l'une des plus grandes solennités de la foi juive.

terroger les rangs de cette vieille milice incessamment renouvelée, incessamment rajeunie, et retrouver toujours au bout des révolutions sociales cette peuplade historique qui commence avec les âges? A quoi tient donc une destinée aussi singulière? quelles sont donc les constitutions de ce peuple? quel est donc l'élément conservateur qui a donné vie, force et durée à cette croyance? Questions graves pour le philosophe, intéressantes et capitales pour l'Israélite; questions dont la solution est contenue dans ce verset, tiré d'un des récits de la solennité qui nous rassemble: ויש תקוה לאחריתך נאם ה'.

Mes chers Frères,

S'il est une parole faite pour retentir fortement au cœur de l'homme; s'il est une image digne de le subjuguer et de l'éblouir, une pensée propre à élever son âme, c'est la parole de l'avenir, c'est la ravissante image de l'espérance. Les plus nobles conceptions de la poésie et les réalités les plus vulgaires de ce monde empruntent également leur puissance à cette féconde pensée. Quelles que soient les préoccupations journalières de notre existence, à quelque région de la sphère sociale que nous puissions appartenir, ce qui nous domine perpétuellement, ce qui nous poursuit sous toutes les formes, ce qui absorbe et envahit toute notre intelligence, c'est l'avenir. A lui le privilége de résumer toutes nos joies et toutes nos douleurs; à lui le privilége de régner sur toute pensée humaine, depuis la pensée du sublime génie qui conçoit et crée pour l'immortalité, jusqu'à celle de l'obscur artisan dont la main façonne la matière pour les besoins du lendemain ; depuis la pensée du monarque dont le front se ride sous le fardeau de la couronne, jusqu'à celle de l'humble père de famille qui se consume à grossir par de longs labeurs le patrimoine de ses enfants. Constante par son essence, quoique variée dans ses formes, partout et toujours vous voyez que cette grande pensée travaille l'humanité. Heureux ou malheureux, l'homme se demande sans cesse ce que l'avenir lui prépare ; il s'élance dans le champ de l'infini, il aspire à l'inconnu, il se plaît à franchir les bornes de son étroit horizon. Mais, chose merveilleuse ! à peine les jouissances qu'il poursuivait sont-elles en son pouvoir, à peine ses besoins sont-ils satisfaits, à peine l'avenir qu'il rêvait s'est-il réalisé, il tombe dans la satiété et le dégoût ; sous le poids monotone du présent il languit et s'affaisse, jusqu'à ce que de nouveaux désirs, de nouvelles espérances ou des craintes nouvelles soient venues rendre le ton à son esprit, et fournir à l'inquiète activité qui le tourmente un nouvel aliment. Ah ! mes frères, il est donc bien vrai que la brute seule est condamnée à végéter éternellement dans le présent ; que l'avenir est la condition de toute existence intellectuelle ; que vivre, pour l'homme, c'est penser, penser c'est espérer et croire !

Aussi, voyez comme la religion a su mêler à ses graves doctrines cette parole enivrante ! Israélites, interrogez avec moi les annales de nos pères. Lorsque, aux premiers âges du monde, le patriarche mourant lègue à ses enfants le trésor de ses dernières paroles, la vision mystérieuse de l'avenir jette un rayon sur la couche du

vieillard, et il salue avec amour l'arrivée du consola-
teur: עַד כִּי יָבֹא שִׁילֹה וְלוֹ יִקְּהַת עַמִּים [1]. Lorsque, plus
tard, sur la colline du désert, le prophète païen, vaincu
par l'ascendant d'une religion toute-puissante, sent le
blasphème dans sa bouche se changer en hommage, et
bénit en frémissant la nation qu'il était venu maudire,
l'étoile radieuse de Jacob lui apparaît au bout de l'horizon et fascine malgré lui ses regards, דֶּרֶךְ כּוֹכָב מִיַּעֲקֹב [2].
Lorsque enfin Jérémie, pour rendre à ses frères abattus
la force et le courage, demande à l'inspiration divine
un de ces oracles qui renferment à la fois l'enseigne-
ment et la consolation, il n'en trouve pas de plus beau
que cette simple parole: «Ton avenir, ô Israël, est plein
d'espérance : וְיֵשׁ תִּקְוָה לְאַחֲרִיתֵךְ נְאֻם ה' ! »

Oui, mes frères, l'avenir et les destinées du judaïsme,
tel est mon texte et mon sujet ; telle est la grande pensée
sur laquelle j'ose appeler vos méditations. Esquisser à
grands traits le tableau d'une religion mère du genre
humain et créatrice de toute civilisation ; développer le
principe qui lui sert de base et qui lui garantit une
éternelle durée ; faire ressortir tout ce qu'il y a de sève
et de vitalité dans les flancs de cet arbre antique qui
couvre la terre de son ombre et que la terre insulte avec
dédain..... ah! mes frères, que cette tâche est vaste,
mais qu'elle est noble et belle! Oserais-je l'entreprendre, moi si jeune encore et si humble d'intelligence,
moi nouveau-venu dans la carrière, et dont la voix est
peu accoutumée à s'élever dans ce temple ; oserais-je
l'entreprendre, si le besoin d'exprimer une conviction

[1] *Gen.* XLIX, 10.
[2] *Nomb.* XXIV, 17.

ardente ne tourmentait mon âme; si la foi pour se produire avait besoin d'attendre le nombre des années; si surtout la grandeur et l'intérêt mêmes de la matière n'étaient pour moi la plus sûre garantie et de votre bienveillance, et d'une attention proportionnée à la gravité de mes paroles?

Mes chers auditeurs, si nous jetons un coup d'œil sur les temps antiques de l'humanité, si nous reportons nos regards sur les époques contemporaines et sur les peuples qui nous entourent, une vérité frappante viendra nous saisir; vérité vieille et triviale comme presque toute vérité, mais que sa vulgarité ne rend ni moins importante ni moins difficile à expliquer. C'est que tous les empires qui ont successivement occupé la scène du monde ont successivement péri, détrônés par d'autres, qui à leur tour ont fait place à de nouveaux vainqueurs. Tous, nous les voyons accomplir la loi fatale de toute créature; tous, nous les voyons passer par les trois phases immuables de toute existence, naître, vivre, mourir. Pas un d'entre eux, si quelque souffle d'en haut venait aujourd'hui rendre la vie à leurs ossements oubliés, pas un ne reconnaîtrait, dans l'humanité actuelle, son sang et sa race; pas un des peuples qui se meuvent aujourd'hui sur la face de la terre ne se lèverait pour leur dire: Vous êtes nos pères, nous sommes vos enfants; nous sommes les légitimes héritiers de votre nom, les continuateurs de vos doctrines, de vos conquêtes et de votre gloire. Les peuples, selon la dédaigneuse parole du prophète, passeraient en sifflant et secouant la tête, et Babylone et Ninive, et Athènes et Rome retomberaient confondues dans le silence de leurs tombeaux.

Pourtant, mes frères, remarquez-le bien : si la chute de ces antiques cités a été égale, leurs destinées furent diverses ; Dieu dispensa aux unes une courte existence, aux autres de longs jours ; à celles-ci un nom obscur ou borné à une sphère étroite, à celles-là un empire immense, et une gloire dont le retentissement dure encore. Reconnaissons ici la puissance du grand principe de l'avenir. Le peuple qui, encore dans les langes de la première enfance, osa proclamer sa bourgade la *ville éternelle ;* le peuple qui ne put se pardonner une seule défaite, et qui avait juré de vaincre toujours, parce qu'il avait besoin de toujours grandir ; le peuple qui vouait à la mère-patrie un culte fanatique, et pour qui l'individu périssable n'était rien, la république immortelle était tout, assurément, mes frères, ce peuple dut compter sur une longue et glorieuse existence. Et pourtant, lui aussi est tombé ; lui aussi, s'il pouvait soulever l'inexorable pierre du tombeau, ne reconnaîtrait pas ses enfants dans cette pâle postérité qui rampe sur un sol dégénéré. Après avoir, comme un gouffre béant, absorbé, l'une après l'autre, toutes les nations de la terre ; après avoir enfin conquis cette suprématie universelle que son ambition avait si longtemps rêvée, le monstre tomba à son tour ; une nuée d'oiseaux de mort s'étaient abattus sur ses flancs décrépits, et ce ne fut qu'une ruine nouvelle à joindre à tant d'autres ruines.

Eh quoi ! c'est donc là que devait aboutir tant de grandeur ! c'est donc là tout ce qui devait rester d'un peuple de géants ! Faut-il donc, ô mon Dieu ! que tout

ce qui naît soit consacré à la mort ; que les empires les
plus puissants soient promis à la tombe ; que les nations mêmes qui portent dans leur sein le germe précieux de la durée, le grand élément de l'avenir, ne
puissent, elles non plus, se soustraire à cette loi !...
Mes frères, rassurons-nous. Tandis que ces grandes
masses du monde antique, obéissant à une fatale im-
pulsion, se déchaînent avec fracas les unes contre les
autres, tour à tour triomphent et succombent, et tour
à tour jonchent la terre de leurs orgueilleux débris, —
là-bas, dans un coin inaperçu du tableau, au fond d'une
vallée pierreuse, je vois croître une humble peuplade,
dépositaire des destinées du monde. Elle est humble en
effet, elle est chétive, elle se cache dans un désert ; le
mépris des peuples a présidé à son berceau, le mépris
partout accompagnera ses pas, le mépris semble être
la condition de sa triste existence. Elle-même, com-
plice naïve des dédains de l'univers, elle semble fuir
les regards, elle se complaît dans son isolement; timide
et austère, elle poursuit en silence le développement de
son principe et l'accomplissement de sa destinée, לא
יצעק ולא ישא ולא ישמיע בחוץ קולו[1] ... et cependant
elle seule triomphera ! elle seule restera debout ! et quand
le vieux monde, miné par les ravages du vice et de la
superstition, croulera[2] avec le cortége de ses erreurs,
quand la dernière statue du dernier dieu tombera de
son piédestal, דרך כוכב מיעקב, l'étoile qui se lèvera

---

[1] *Is.* XLII, 2.

[2] Plusieurs auditeurs ont pris le change sur ces futurs, qu'ils ont
acceptés au pied de la lettre. Cette absurde erreur disparaîtra sans
doute à la lecture.

sur le monde sera celle de Jacob ; la parole qui vivifiera cette société morte sera un plagiat fait à nos divines archives ; la doctrine qui ouvrira aux hommes des perspectives nouvelles, qui enfantera la civilisation, qui dotera l'univers des grandes notions indispensables à sa vie morale, cette doctrine sera celle de l'avenir, ce sera la nôtre, ô mes frères ! et quand, après une durée égale en réalité à la durée de la terre elle-même, après trente siècles d'une existence aventureuse et agitée, après dix-huit siècles d'outrages et de tortures, nous nous retrouverons encore debout ; quand nous songerons que ce noyau d'hommes vivant et mourant depuis l'enfance du monde pour le triomphe d'une idée sait encore vivre et mourir pour le triomphe du même principe ; qu'une nation a précédé la plupart des autres et leur a survécu à toutes, forte et vivace aujourd'hui comme en ses plus beaux jours, et que cette nation est la nôtre, alors, mes frères, nous remercierons Dieu de nous avoir fait naître au sein d'Israël, ברוך אתה ה' שעשני ישראל [1] ; alors nous applaudirons, dans nos consciences, au mot de l'orateur [2] qui fait notre gloire : « Il est permis aujourd'hui d'être fier du nom d'Israélite ! »

Mes chers auditeurs, lorsqu'un grand phénomène s'accomplit dans l'histoire de l'humanité, lorsque ce phénomène nous touche de près et se mêle à nos intérêts les plus chers, n'est-il pas de notre devoir d'en rechercher scrupuleusement les causes et d'en approfondir

---

[1] *Rit. isr.*, Off. du matin.
[2] M. Crémieux, *Lettre à M. Créhange.*

les graves conséquences? Déposons donc ici la lyre du poëte et saisissons le sévère scalpel du philosophe; remontons au principe même du judaïsme pour en mieux apprécier la nature, pour en mieux apercevoir les résultats; et, pénétrant dans les profondeurs du sanctuaire, osons lui demander ses secrets.

Sans doute, à celui qui étudie l'humanité morte et l'humanité vivante, l'histoire du passé de la terre et l'histoire de ses destinées actuelles, un fait éclatant, nous l'avons dit, se révèle de prime abord : la destruction successive de tous les peuples, même les plus puissants, et la perpétuelle durée d'un seul, peut-être le moins important de tous. Mais si nous allons plus avant, mes frères, une grave réflexion viendra nous frapper et agrandir la sphère de nos idées. Ce peuple est-il donc bien réellement un peuple et s'est-il donc en effet conservé comme tel? Cette fraction du genre humain, livrée depuis son apparition première à des fortunes si diverses, — d'abord esclave et bête de somme sur la terre où l'un de ses patriarches avait régné, puis vagabonde dans un affreux désert, puis conquérante d'un pays qu'elle perd et recouvre vingt fois selon qu'elle est indocile ou fidèle au mystérieux principe qui la gouverne, puis enfin dépossédée définitivement de son patrimoine et envoyée dans le monde entier pour y accomplir je ne sais quelle mission d'en haut, — est-ce donc là, mes frères, ce qui constitue une nation? Oui, Israël vit encore, mais épars, mais entrelacé au reste de la terre; oui, Israël a survécu au monde antique, mais il s'est survécu aussi à lui-même. Et c'est ici précisément qu'éclate sa gloire; c'est ici le fait capital qui va nous révéler enfin le fécond principe que nous recherchons, et qui fait surtout l'objet de ce discours.

Oui, mes chers frères, Israël a tout perdu, et Israël est encore debout. La Palestine, notre vieille patrie, est occupée par les barbares, et vingt populations diverses se croisent dans son sein ; Jérusalem la sainte est le repaire des infidèles ; notre temple, jadis l'admiration du monde, n'offre plus qu'un dernier et timide débris, que peut-être un regard du temps va faire disparaître. Et cependant nous vivons ; et cependant ce qui s'appelait Israël il y a deux mille ans s'appelle encore Israël ; et dans les veines de ce vieux corps circule un sang toujours jeune et toujours généreux. Après avoir été éprouvés par tous les malheurs, ballotés par toutes les tempêtes ; après avoir eu sans cesse à lutter et contre l'adversité et contre les séductions plus dangereuses de la fortune, nous sommes encore là, toujours là, perpétuellement uns parce que notre principe est un ; tandis que les autres peuples, répétons-le, sont tombés tour à tour, parce qu'ils n'étaient que des peuples, c'est-à-dire des assemblages d'hommes vivant sur un sol, attachés à ce sol, et tendant uniquement à le conserver. Qu'une tempête sociale les disperse au loin ; qu'une invasion étrangère ou la soif des conquêtes les précipite hors de leur territoire, le Grec deviendra Romain, il cessera d'être Grec ; le Romain deviendra Gaulois, Goth ou Vandale, il ne sera plus Romain. Mais que le Juif se voie attaqué dans ses foyers ; que les maîtres du monde déchaînent leurs puissantes armées contre sa modeste métropole ; qu'à force d'hommes, de temps et d'efforts, ils parviennent à le briser, rien n'aura péri qu'un peu de boue et de poussière ; le Juif restera Juif, et Israël, comme le fabuleux oiseau de l'antiquité, élèvera sa tête radieuse du milieu des débris. La raison, mes frères? il est temps de la dire, la voici : nous ne sommes pas UN PEUPLE, nous sommes UNE RELIGION ; nous ne sommes pas un corps politique, nous sommes, nous avons toujours été, nous serons à jamais la glorieuse représentation d'un principe, représentation éternelle et vivace comme lui. Nous n'avons pas, nous, attaché nos espérances à une terre périssable ; nous n'avons pas mis notre refuge dans le sol, informe assemblage de matière plus ou moins durable, de terrains plus ou moins fertiles, peuplés de champs, de villes, de montagnes, de vallées, de fleuves, voués tôt ou tard à la destruction. Non, non, mes frères! Nous avons dit : טוב לחסות בה׳ מבטח באדם [1]. « Mieux vaut s'appuyer sur Dieu que s'appuyer sur une chose humaine : » l'homme passe, Dieu demeure. Nous avons dit : אלה ברכב ואלה בסוסים ואנחנו בשם ה׳ אלהינו נזכיר [2]. « Ceux-ci avec leurs chars, ceux-là avec leurs chevaux ; et nous, sous les auspices de l'Éternel notre Dieu! » Nous nous sommes écriés enfin, avec le prophète couronné : אם ה׳ לא יבנה בית שוא עמלו בוניו בו אם ה׳ לא ישמר עיר שוא שקד שומר [3]. « Si l'Éternel ne fonde l'édifice, les maçons fatigueront en vain ; si l'Éternel ne veille aux portes de la ville, c'est en vain qu'elle sera gardée ! » Et deux grands symboles nous furent octroyés : l'un était un principe et l'autre était un but ; le principe était l'Unité, le but était l'Avenir ; l'U-

---

[1] *Ps.* CXVIII, 8.
[2] *Ib.* XX, 8.
[3] *Ib.* CXXVII, 1.

nité représentée par l'Éternel, l'Avenir, par le Messie. Et nous avons eu un point de ralliement, un drapeau glorieux qui nous a réunis aux jours de l'épreuve, qui nous a consolés aux jours du malheur.

Oui, mes très-chers frères, croire et espérer, voilà l'israélitisme. Une croyance personnifiée, une espérance incarnée, voilà l'Israélite. Sa croyance, c'est l'unité; unité dans son Dieu, unité dans son culte et sa doctrine, unité jusque dans ces pratiques multiples et ces dogmes innombrables qui se concentrent tous dans un foyer unique, qui convergent tous au majestueux sommet du Sinaï. Son espoir, c'est le Libérateur; c'est ce mystérieux Messie qu'une consolante parole fit surgir un jour sur le berceau de nos premiers pères, que les patriarches appelèrent sur leur couche de mort, que Moïse proclama à tout Israël dans ce cantique suprême, improvisé sous la dictée de Dieu et de la mort; c'est ce Messie dont chaque génération transmet l'attente aux générations qui la suivent, et qu'une loi ineffable semble avoir destiné à être éternellement désiré, éternellement attendu; car, mes frères, nous l'avons déjà dit, c'est cette perpétuelle attente, cette aspiration incessante vers l'Avenir, qui est la condition même de notre existence. C'est ce besoin de s'élancer en avant qui fait la vie de l'individu, c'est lui qui explique la vie miraculeuse de la nation israélite. Avec ce double symbole, l'Unité et l'Avenir, une poignée d'hommes a résisté aux assauts du temps, aux assauts des événements, aux assauts des peuples conjurés; avec l'Unité et l'Avenir, l'israélitisme a assisté sans pâlir aux révolutions des âges. Grâce au germe précieux déposé dans son

sein, le cèdre de l'Orient a vu une sève toujours fraîche
et toujours vigoureuse vivifier ses rameaux, et, bien loin
de craindre le choc des éléments, il s'est fortifié à chaque secousse, il a grandi au souffle de la tempête.

N'êtes-vous pas frappés, mes frères, de cette prodi-
gieuse destinée? Pouvez-vous vous défendre d'un vif
sentiment d'admiration comme hommes, et de reconnaissance comme israélites, à la vue de cette prédi-
lection de la Providence? Pouvez-vous ne pas répéter
avec une conviction fervente cette formule que chaque
aurore entend retentir dans nos temples : מה אשרינו
טוב חלקנו ....[1] « Heureux enfants d'Israël! que
» notre sort est étonnant! que notre fortune est mer-
» veilleuse! que notre existence est digne d'envie! »
שאנו משכימים ומעריבים ערב ובקר ....«Parce que
» nous nous levons le matin et nous couchons le soir
» avec cette grande parole : Écoute, Israël; notre
» Dieu est l'Éternel, notre Dieu est un! »

Et cependant, mes frères, des insensés ont insulté à
notre misère; et cependant un vulgaire stupide, élevé
dans les traditions hostiles d'une religion fille de la nôtre,
a prodigué l'outrage à la vieillesse de sa mère et a fait
sa risée de ce qui fait notre gloire. Ainsi s'expiaient les
méfaits de nos pères; ainsi s'accomplissaient, grand
Dieu, les menaces de tes prophètes! Mais, insensés encore une fois! vous qui n'avez pas compris
qu'aucun mal n'émane de la Divinité, qui ne ren-
ferme un bien; qu'elle n'inflige pas un supplice, qui

ne tourne à l'avantage du pécheur; et que du moment qu'elle s'est réservé le choix de la peine, l'homme qui osera seconder sa vengeance sera sept fois puni : כל הרג קין שבעתים יקם [1] ! Insensés encore une fois, vous qui n'avez pas vu que notre souffrance est notre gloire, et notre dispersion notre plus beau titre d'honneur! Vous qui avez dit : Ils sont dispersés, donc ils sont punis, — nous vous répondons : Nous sommes dispersés, donc NOUS SOMMES, et Dieu n'a pas encore délaissé ses enfants; vous qui avez dit : Leur humiliation atteste leur honte et la colère de l'Éternel, — nous vous répondons : Elle n'atteste que votre barbarie et notre courage ! Nous sommes répandus d'un pôle de la terre à l'autre, mais pour faire germer le grain il faut aussi le répandre, et la Providence nous a destinés à faire germer ses doctrines; nous sommes disséminés, fractionnés presque à l'infini sur la face de ce vaste univers, et cependant, à quelque distance que la volonté de Dieu ou le bras des hommes nous aient écartés les uns des autres, de quelques régions éloignées que nous venions à nous rejoindre, les frères sauront bien se reconnaître : le même lien mystérieux les relie l'un à l'autre ; le signe de l'alliance imprimé sur leur chair, le commun symbole transmis par le père à son fils, Unité et Avenir, Adonaï et Mâschiach, leur révélera leur commune origine.

Que vous importent donc, ô Israël ! les clameurs de la multitude? que vous importent les fureurs du fana-

---

[1] *Gen.* IV, 15.

tisme et ses persécutions passagères? En s'attaquant à vous, elles peuvent bien vous humilier, elles peuvent bien vous abattre, elles peuvent bien vous tuer : mais, ô mon Dieu! où sera leur victoire? dussiez-vous périr, Israël restera, car Israël est un principe. David ne vous l'a-t-il pas dit dès longtemps? למה רגשו גוים ולאמים יהגו ריק [1] « Contre qui les nations se sont-elles ameu- » tées, et de qui ont-elles médité la ruine?...» על ה׳ ועל משיחו [2]. Ce n'est pas un peuple qu'elles attaquent, « c'est Adonaï et Mâschiach, » c'est l'Éternel et son Messie, c'est l'Unité et l'Avenir, les deux pôles du monde! Et vous craignez que le monde ne renverse ses propres bases! et vous craignez que les efforts de l'homme ne détruisent, que dis-je? ne compromettent seulement et n'ébranlent l'œuvre de Dieu! Ah! tant que les cieux seront au-dessus de la terre, la terre appartiendra à l'Éternel, אשר נשבע ה׳ לאבתיכם לתת להם כימי השמים על הארץ [3]; tant que les souveraines notions du vrai, du juste et du beau seront indispensables à l'humanité, tant que l'homme ne vivra pas seulement de pain, mais de tout ce qui émane de la bouche de l'Éternel [4], le peuple dépositaire des volontés de l'Éternel subsistera; il subsistera, témoignage perpétuel et vivant des vérités religieuses et morales dont les hommes ont toujours besoin, et dont toute son histoire démontre l'influence; il subsis—

---

[1] *Ps.* II, 1. — ריק, selon nous, est ici substantif: «le vide, l'anéantissement. »

[2] *Ib.* 2.

[3] *Deut.* XI, 21.

[4] *Ib.* VIII, 3.

tera, vous dis-je, pour représenter un principe, et non pour expier, comme vous le dites, je ne sais quel crime qui ne fut jamais commis; qui, l'eût-il été par les pères, ne saurait, dans les voies de la justice suprême, retomber sur la tête des enfants, et que d'ailleurs, même dans cette impossible hypothèse, de longs siècles de souffrances ont dû expier outre mesure.

Voyez, au surplus, à quoi vous a servi la persécution, et quel fruit vous est revenu de tant de cruautés. Pressez les feuilles de votre histoire, il en sortira du sang et des larmes, mais pas une goutte de rosée vivifiante qui vienne consoler votre âme. Lorsque vous épuisiez pour nous les savantes combinaisons de la torture, lorsque vous aiguisiez vos glaives, lorsque vous attisiez la flamme de vos bûchers, lorsque vous faisiez grincer sur nos chairs les instruments du martyre, étiez-vous plus heureux que nous? Vous aussi, peuples, vous subissiez votre torture; vous étiez serfs, vous étiez vil bétail, vous étiez le bien et la chose de quelques privilégiés; vous étiez traqués, sur votre propre territoire, d'un domaine à l'autre; le vice et le brigandage infestaient vos provinces; la guerre vous décimait au dehors, le crime au dedans. Et quand un instant de sublime désespoir vous rappelait à votre dignité d'hommes, quand, un instant, la grande voix de l'insurrection avait fait pâlir vos tyrans, bientôt la hideuse féodalité vous étreignait de nouveaux liens, et rivait plus fort vos fers un moment brisés. O peuples, encore une fois, où donc était votre victoire? — Vous disiez : Il faut qu'Israël subsiste, et qu'il subsiste éternellement pour attester les vengeances divines; et, non moins

inconséquents que barbares, vous affaiblissiez sans cesse,
en nous frappant par milliers, la valeur de ce déplo-
rable argument. Vous vous proclamiez les défenseurs de
la cause du ciel, et le ciel, peu sensible à vos bons of-
fices, ne vous fut jamais si inclément que dans cette
triste période de votre histoire. Que vous dirai-je encore? Vous prétendiez, ô peuples! étouffer dans les
supplices la foi d'Israël, et les flammes de vos bûchers
ne faisaient qu'en redoubler l'ardeur. Encore une fois,
peuples! où donc était votre victoire?

Mes frères, c'est là en effet une éternelle vérité,
vérité consolante pour nous, et dont notre histoire
offre à chaque pas la preuve : c'est que la persécution,
loin d'ébranler une croyance, en assure le triomphe.
Nos maladroits ennemis, en essayant contre nous cette
arme dangereuse, auraient pu voir, par leurs propres
annales, que d'ordinaire elle éclate dans les mains qui la
soulèvent. Voulez-vous consolider un culte, une secte,
un système, une simple opinion? persécutez-la. La
persécution est aux croyances — si vous me permettez
cette image vulgaire — ce que le sel est aux aliments :
elle les relève, elle les conserve, elle les empêche de
se dégrader et de se corrompre. Il est dans l'homme
un principe qui se raidit contre la difficulté, qui s'ir-
rite contre l'obstacle, qui grandit en face de la contra-
diction. Appliqué aux choses de la terre, ce principe
s'appelle la fermeté; aux choses du ciel, il se nomme
la foi. Ce principe, mes frères, fait toute la personnalité
de l'homme. C'est par lui qu'il est un être moral;
c'est par lui qu'il se propose un but, qu'il se crée les

moyens d'y atteindre, qu'il le poursuit avec une volonté toute-puissante, avec une indomptable constance. Heureux, si, comme Israël, il ne marche qu'à un but grand et noble ! heureux s'il ne se nourrit, comme lui, que de légitimes espérances, et s'il n'en cherche l'accomplissement que par les voies de la douceur, de la simplicité, de la droiture ! Heureux s'il est jaloux de réaliser le programme de l'homme de Dieu : לא יצעק ולא ישא ולא ישמיע בחוץ קולו ! Alors on lui appliquera cette autre parole : ויש תקוה לאחריתך « Ton avenir, ô Israël, est riche d'espérance ! »

Que venez-vous donc nous parler encore de la dispersion d'Israël? Cette dispersion est la preuve la plus éclatante de l'universalité de nos dogmes. Sous quelque zône que nous porte le vent de l'adversité, nous y emporterons avec nous le trésor de nos croyances. Que venez-vous nous parler de notre apparence humble et chétive, de ce type de la servitude que nous portons presque partout imprimé sur nos fronts, et qu'un demi-siècle de liberté n'a pas encore bien effacé en France? Ah! n'insultez pas à ces marques d'un passé où tout l'opprobre fut pour les oppresseurs, toute la gloire pour les victimes ! N'insultez pas aux insignes de l'esclavage, car l'esclavage c'est vous qui l'avez fait ! N'insultez pas à la physionomie hâve et délabrée des fils de l'Orient, car elle ne prouve que leurs longues souffrances, et leurs longues souffrances ne prouvent que leur héroïsme et leur foi ! Leur foi, elle s'est élancée du sein de vos bûchers, plus jeune, plus active, plus féconde que jamais ; leur foi, elle a visité tous les confins du globe, partout méconnue et maudite, partout accomplissant sa mission

et attendant patiemment l'avenir, המאמין לא יחיש [1] ;
leur foi, c'est la vérité, et la vérité, mes frères, est
comme la lumière : vainement les nuages soulevés par
l'erreur, la passion ou les préjugés, tourbillonnent autour d'elle; ils pourront bien, un instant, l'obscurcir,
mais ils ne sauraient l'éteindre, — elle est immortelle!

Et puis, en vérité, croyez-vous qu'Israël soit tout entier dans ces malheureux débris que le monde, presque
partout, couvre encore d'un imbécile dédain? Croyez-
vous qu'Israël soit tout entier dans ces individus péris-
sables, qui, soumis à mille vicissitudes, résument, sous
le nom de Juifs, ici l'ilotisme dans toute son abjection,
là l'émancipation dans toute sa gloire, partout la destinée la plus étrange? Mes frères, votre erreur serait
grande. Dans l'histoire politique des peuples, le Juif est
peu de chose, le Juif n'est rien; mais la foi juive est
tout. Cette foi, cette sublime doctrine, aussi pure aujourd'hui qu'à sa naissance, aussi radieuse qu'aux plus
beaux jours de son règne, elle est partout autour de
vous; elle est, par le principe qui fait sa base, dans ce
monde même qui jette la raillerie et l'injure au front de
ses plus fidèles interprètes; elle est dans les idées de justice, de liberté, de bienveillance universelle, qui cir-
culent sur la terre, et dont chaque peuple reconnaît
successivement l'empire; elle est dans ces sentiments
uniformes de moralité, dans ce fonds commun d'idées
nobles et généreuses auxquelles tout pays civilisé rend
hommage. Je viens de parler de civilisation. Eh ! cette
civilisation elle-même, mes frères, cette grande conquête

---

[1] *Is.* XXVIII, 16.

des temps modernes, n'est-ce pas à l'application progressive des principes du judaïsme que l'humanité en est redevable? Depuis que le judaïsme, par l'Avenir, a donné au monde un but; depuis que par l'Unité il lui a enseigné les moyens d'y atteindre; depuis qu'il a apporté au genre humain la notion du vrai, qu'il lui a appris le secret du bonheur, qu'il lui a fait voir l'amour du prochain comme base de l'union, l'union comme base de toute industrie, de toute découverte et de tout progrès véritable, le progrès est né, et la civilisation a pris un inconcevable essor. Le monde aussi, mes frères, le monde lui-même l'a reconnu, car comment se refuser à l'évidence? Mais l'ingrat n'a pas voulu nous en avoir l'obligation, et il en a rapporté tout l'honneur à sa foi. Sa foi!... mais qu'est-elle donc, je vous prie, sinon un emprunt fait à la nôtre? Sa foi! mais si vous en considérez le côté dogmatique,—que les convenances de la chaire me défendent, du reste, de discuter,— ce n'est pas là, apparemment, que nous trouverons le fécond mobile de tant de grandes choses. Ce sera donc le côté moral? ce seront donc ces sublimes préceptes d'abnégation, d'amour de Dieu, d'amour du prochain, qu'entendit un jour l'univers, et que l'univers accueillit avec un si avide enthousiasme? O mes frères, félicitons-nous donc, car cette foi admirable c'est la nôtre! Cette morale divine c'est celle du Sinaï! Cette doctrine si pure et si élevée qui fut enseignée au paganisme il y a dix-huit siècles, elle fut révélée il y a trois mille ans à nos pères!

Toutefois, une triste pensée me pèse et m'accable; quelle que soit l'ivresse que nos réflexions nous inspirent, la gravité de notre ministère nous oblige de la tempérer par de pénibles aveux. Mes frères, la croyance qui nous a été confiée est belle en effet, mais nous n'en avons pas toujours été les dignes dépositaires, ni les gardiens fidèles. Parfois, entraînés par le funeste exemple des vices et des turpitudes qui s'agitaient autour de nous, nous n'avons pas su nous défendre de la contagion; nous avons laissé notre âme ouverte à l'invasion des passions mauvaises; nous avons accueilli avec une sympathie coupable des sentiments et des désirs qui n'auraient jamais dû trouver d'échos parmi nous. Mes frères, ces malheurs sont dus à la servitude; à la servitude, arbre planté dans la fange, et qui ne produit que des fruits impurs. Plus souvent encore, une plaie dont nous n'avons guère à accuser que nous-mêmes, a gagné notre belle croyance et a failli en compromettre les hautes destinées. Cette plaie, que les limites de mon sujet ne me permettent pas ici d'approfondir, c'est l'ignoble superstition. Trop fidèle au culte de la forme, Israël n'a pas toujours connu le trésor que Dieu avait confié à sa garde; il s'est mépris, plus d'une fois, sur la valeur et la portée des actes, et n'a pas su en pénétrer ou le but ou l'essence; il n'a pas toujours vu que la forme n'est pas le fond, et qu'un symbole sans signification est une fiction absurde; que le culte extérieur traduit la foi, mais n'est pas la foi; que la foi est esprit, le culte, pure matière : matière divine sans doute, matière respectable et sainte, mais destinée à protéger le dogme, non à l'étouffer; matière précieuse, redisons-le avec amour, mais servant uniquement d'enveloppe au principe, comme l'or au bois incorruptible du temple. — Mes frères, voilà les méfaits d'Israël, et voilà comment, souvent à son

insu, il a pu trahir sa propre cause. Ce n'est pas tout
encore. Par suite de cette loi fatale qui régit le monde
et qui veut que toujours le mal appelle le mal, il est
arrivé que le vice, la superstition et la bassesse, tristes
produits de la persécution, l'ont reproduite à leur tour,
ou ont servi du moins à en légitimer les fureurs. Ainsi,
victimes d'un horrible cercle vicieux, dégradés par nos
malheurs, malheureux par notre dégradation même,
nous avons vu pendant de longs siècles en France, nous
voyons encore sur la plus grande partie du globe la main
de la Providence s'appesantir sur nous. Et pour ne parler ici que de cette sanglante période de l'histoire, qu'on
a appelée une longue nuit, les peuples en effet, soit
dans leurs collisions réciproques, soit dans leurs hosti-
lités contre nous, n'ont-ils pas offert l'image de malheureux insensés, frappant au hasard, dans les ténèbres,
des coups mal assurés? Trompés par les apparences,
étranges pour eux, d'un culte qui n'était pas le leur,
fanatisés par les préjugés d'une éducation intolérante et
brutale, entraînés par ces mille passions abjectes qui
croissent comme une mauvaise herbe dans le champ de
l'ignorance, les peuples se sont rués sur nous comme
sur une proie facile. Pas plus que nous-mêmes, ils n'ont
su démêler l'invisible germe au travers de sa matérielle
enveloppe, ni apercevoir derrière l'écorce le fruit divin
qu'elle recèle. Aveugles! ils avaient donc oublié que
frapper Israël c'était frapper leur mère! que cette foi au
nom de laquelle ils se faisaient les bourreaux de leurs
frères devait sa naissance et sa gloire à la foi même de
leurs victimes! et qu'enfin, selon la sublime expression
du prophète , אבן מאסו הבונים היתה לראש פנה :

« Cette pierre qu'ils foulaient aux pieds c'était la pierre
» angulaire[1]! »

Mes frères, écartons, il en est temps, ces sombres
images. Laissons dormir le squelette du passé dans son
sanglant linceul. Ne calomnions pas l'humanité actuelle,
en lui imputant les méfaits de l'humanité morte et oubliée. Oui, mes frères, nous nous efforcerions en vain
de le nier, un souffle plus pur a passé sur la terre, et a
moralisé le corps social; les dogmes salutaires de l'israélitisme se sont peu à peu fait jour, et ont développé
au sein du monde les grands principes d'équité, d'égalité et d'amour, auxquels nous devons notre bonheur.
Mes frères, un hymne d'admiration à l'Éternel, qui
nous a permis d'assister à de si grandes choses! un
hymne de reconnaissance à l'Éternel, qui a permis
qu'elles s'accomplissent sur nous! à la France, qui a
été le glorieux instrument de ses desseins! Noble France,
sois à jamais bénie entre les nations! toi qui, la première entre toutes, as eu le courage d'avouer ta faute
et de la réparer; toi qui as su expier, par une réhabi-
litation éclatante, une si longue série d'avanies et d'outrages; toi que ton culte appelle avec orgueil sa FILLE
AINÉE, et qui cependant n'as pas craint de plier le ge-
nou devant ta tremblante aïeule, de l'admettre aux joies
de ton banquet, de lui demander pardon, en pleurant,
de ta longue inimitié; noble France, sois à jamais bénie! l'homme régénéré, le paria devenu citoyen, le serf
rendu à la liberté, — le Juif, en un mot, te rend grâce

<hr>

[1] *Ps.* CXVIII, 22.

et hommage. Et ce n'est pas par des vœux stériles qu'il prétend te prouver sa reconnaissance : non certes ! il en a pris dès longtemps l'engagement. Du moment où une émancipation solennelle a permis au puissant principe d'avenir qui nous travaille de prendre un essor indépendant, Israël a poursuivi ses destins avec une rapidité fabuleuse. Voyez, en effet, ses progrès; mesurez la route qu'il a déjà parcourue. A peine la voix libératrice a-t-elle retenti, Israël s'élance en avant. Comme le coursier de Job, il dévore la terre. Il s'enquiert de tout, il veut tout apprendre et tout comprendre. Son cœur, avide de vertus, son intelligence, ambitieuse de savoir, s'amassent des trésors plus désirables que ceux que le moyen âge lui laissait accumuler dans ses tanières, pour ensuite les lui extorquer. Suivez-le, si vous le pouvez, dans ses pas de géant. Après une épreuve de cinquante années, le voilà désormais l'égal du reste de l'univers. Il avait obtenu l'égalité des droits, il s'est imposé celle des devoirs, il a su conquérir celle de l'intelligence : et maintenant voyez-le siéger parmi les illustrations du pays ; donner des lois, nouveau Joseph, à la contrée où hier il gémissait esclave; partager, en un mot, les triomphes du génie, les palmes de la science, les lauriers des beaux-arts. Heureuse France ! heureux Israël !...

Mais ici encore, mes chers frères, une sévère parole doit se mêler à ces pensées flatteuses. Oui, sans doute, heureux Israël ! disons-le encore ; mais heureux surtout si, aveuglé par sa prospérité, entraîné par de fatals exemples et par la facilité des premiers pas, il ne se laisse pas déposséder de sa foi si précieuse. Ah ! mes frères,

la prospérité est une dangereuse conseillère! gardez-
vous de prêter l'oreille à ses séductions enivrantes. Elle
vous dira, — elle l'a déjà dit, hélas ! à plusieurs d'entre
vous, — que la foi est une belle illusion, bonne tout au
plus pour les malheureux ; que l'homme n'a été créé
ni pour croire ni pour espérer , mais pour travailler ,
pour vivre et pour jouir ; que la foi juive en particu-
lier, héritage suranné d'un passé désormais éteint, n'a
plus rien qui satisfasse aux besoins de nos cœurs et de
notre pensée ; que le niveau égalitaire que deux révolutions successives ont promené sur toutes les conditions
sociales, doit s'étendre aussi aux conditions religieuses.
Elle vous dira , mes frères , qu'assimilés à vos conci-
toyens par les droits politiques, par l'éducation, par les
mœurs, vous devez compléter cette grande œuvre de la
fusion par l'uniformité de la croyance ; elle vous
dira.... Que ne vous dira-t-elle point, cette perfide en-
chanteresse ! Et moi j'oserai vous dire : Israélites, con-
servez le trésor de vos saintes croyances et de vos pieuses
traditions ; conservez-les avec un soin jaloux , car le
jour de l'épreuve n'est pas loin peut-être !... Eh quoi !
sommes-nous donc destinés à tourner perpétuellement
dans le cercle des mêmes infortunes ? ne saurions-nous
conquérir le bonheur temporel qu'aux dépens de la foi ,
ou rester religieux qu'à la condition d'être misérables ?
Cette triste alternative, je l'avoue , elle est écrite sur
toutes les pages de notre histoire. Moïse nous l'a bien
dit dans son chant de mort : וישמן ישרון ויבעט[1].
« Quand Israël s'est vu dans l'abondance, il a regimbé

---

[1] *Deut.* xxxii, 15.

» contre son Dieu : » pour le rappeler à son auguste croyance, il n'a fallu rien moins que la main de fer, que la voix toute-puissante de l'adversité. Eh bien ! mes frères, toute vieille qu'elle est, cette plaie n'est pas incurable. A une époque où la civilisation était encore dans les langes, où la barbarie étendait sur le monde son sceptre de plomb, où Israël lui-même, malgré sa supériorité intellectuelle, ne pouvait comprendre encore dans toute leur largeur les vérités auxquelles il devait servir et de véhicule et de démonstration vivante ; à cette époque, sans doute, il était permis, il était pardonnable du moins, d'osciller dans notre foi et de nous laisser emporter au flot des événements. Fruit destiné à l'éternité, la foi juive devait être lente à mûrir. Mais, aujourd'hui que cette maturité approche de son terme, aujourd'hui que la précieuse liberté du culte et de la conscience nous est acquise, aujourd'hui, en un mot, que l'État permet au citoyen de demeurer juif, comme sa foi ordonne au juif de rester citoyen, nous serions coupables, plus coupables que jamais, de nous traîner dans cette honteuse ornière dont Moïse fit rougir nos aïeux. Mes frères, mes frères ! hâtons-nous de ressaisir cette planche de salut que la Providence a jetée pour nous sur l'océan orageux de la vie ! hâtons-nous, vous dis-je, car il est tard ! Soyons religieux, tout nous y convie, tout nous en fait un devoir ou plutôt un besoin ; tout, la vraie philosophie, les lumières de notre époque, le cri de nos consciences, le soin de nos intérêts les plus chers ; notre propre avenir, et l'avenir de nos enfants. Et si notre auguste religion avait besoin d'invoquer à l'appui de ses enseignements des considérations étrangères, je vous dirais encore: Mes frères, jetez les yeux autour de vous, et voyez ce qui se passe dans un culte voisin; voyez les autels partout relevés, et les temples partout vengés d'un long oubli ; voyez le mépris et l'indifférence faire place à la foi, je dis à une foi réelle et sincère, aussi ennemie du fanatisme que de la superstition, aussi éloignée de l'hypocrisie que du faux zèle. Et vous resteriez en arrière! et lorsque la foi, sous des noms et avec des symboles divers, abrite tous ses enfants sous son aile, — enfants de Juda, vous seuls renieriez votre mère ! vous abdiqueriez la haute mission d'avenir que vous avez reçue, que vous êtes chargés de perpétuer ! Non, mes frères, nous ne saurions le croire. Vous ne resterez pas au-dessous de votre noble mandat; on ne vous verra pas forfaire à vos destinées. Nos dogmes admirables resteront ; nos belles croyances, un moment éclipsées, brilleront d'un éclat nouveau ; notre culte lui-même, dans ces formes matérielles, dans ces pratiques extérieures qui le symbolisent, qui en constatent l'existence et en garantissent la durée, qui donnent de la vie à nos fêtes, de la solennité à nos temples, du bonheur à notre foyer, notre culte subsistera. Loin d'être hostile aux vraies lumières, il les protége, il les appelle à lui, car à leur tour elles lui rendent hommage. « Un peu de philosophie — c'est » un philosophe qui l'a dit — produit l'incrédulité ; beau- » coup de philosophie ramène l'homme à la foi. » Répétons donc avec enthousiasme les belles paroles de Jérémie : ויש תקוה לאחריתך נאם ה' « Votre avenir, » Israël, est plein d'espérance ; » mais n'oublions pas la sage leçon qu'il y ajoute: ושבו בנים לגבולם « En-

» fants, revenez aux anciennes limites ; » rentrez dans ces salutaires traditions auxquelles vous avez dû constamment votre bonheur, et à l'ombre desquelles se sont développées les vertus fortes, les facultés éminentes, la merveilleuse intelligence dont vous avez donné le spectacle au monde. Alors le JUDAISME aura accompli son AVENIR et dit le dernier mot de son œuvre ; alors ce Messie attendu avec une foi si vive, ce Messie tant promis et tant mystérieux, ce Libérateur dont une heureuse incertitude nous dérobe et l'avénement et les destinées, apparaîtra pour imprimer son sceau à cette œuvre divine ; sa parole suprême imposera au monde la loi d'amour, et fondra les peuples dans une fraternelle harmonie ; alors enfin la terre sera régénérée, et « cette humble pierre que les artisans avaient dédai- » gnée deviendra la pierre angulaire : » אבן מאסו הבונים היתה לראש פנה — AMEN.

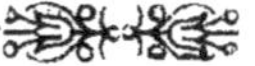

תורת אלהים

LE PENTATEUQUE,

TRADUCTION NOUVELLE,

ILLUSTRÉE

Avec texte en regard et notes explicatives ; accompagné de la traduction complète des הפטרות (HAPHTAROTH) de l'année.

PAR L. WOGUE,

GRADUÉ GRAND-RABBIN.

Un PROSPECTUS annoncera l'ouvrage, qui se publiera par livraisons hebdomadaires.

Imprimerie de Vᵉ DONDEY-DUPRÉ, rue Saint-Louis, 46, au Marais.

9 782329 647524